ERINNERE DICH

[SHORT STORY ABOUT PROBABLY EVERYTHING]

Bibliografische Information der Deutschen Nationalbibliothek:
Die Deutsche Nationalbibliothek verzeichnet diese Publikation
in der Deutschen Nationalbibliografie; detaillierte bibliografische
Daten sind im Internet über http://dnb.dnb.de abrufbar.
© 2021 Mandy Falke
www.unddannamlebenbleiben.de
Herstellung und Verlag:
BoD - Books on Demand, Norderstedt
ISBN: 978-3-7534-8152-4
Bilder:
@Martian_artman

„Setz dich einen Moment zu mir", sagte der alte, knochige Mann und rückte einen Stuhl zurecht.

„So, du bist also weise?", wollte das junge Mädchen eher neugierig, als misstrauisch wissen.

Der alte Mann lachte. „Nein, das bin ich nicht. Auch ich lerne noch viel dazu. Ich kann dir nur sagen, was ich erlebt habe und welche Schlüsse ich daraus gezogen habe. Du kannst immer im Leben zu eigenen Wahrheiten gelangen. Ein Geschenk des freien Willens sozusagen."

Das junge Mädchen schien kurz nachzudenken, bevor es aus ihm herausbrach: „Ach, ich verstehe diese Welt einfach nicht. Sie macht mir Angst. Wirklich ständig habe ich Angst. Werde ich morgen noch leben oder in einem Jahr? Wird meinen Kindern etwas passieren? Werde ich meine Arbeit verlieren oder meine Wohnung? Guck dich doch mal um, die Welt ist voller Grausamkeiten!"

Der alte Mann blickte das Mädchen mitfühlend an. „Was wäre dein Alternativvorschlag? Ich könnte dir eine Glaskugel geben und damit könntest du dreißig Jahre in die Zukunft schauen. Vielleicht hättest du dann Sicherheit. Aber der Preis dafür wäre hoch. Es kostet deine Lebendigkeit."

„Ich verstehe nicht ganz... ", versuchte das junge Mädchen seinen Gedankengängen zu folgen und blickte ihn fragend an.

„Der Grund, warum du hier bist, ist das Leben, das du bist und was sich in dir und durch dich erfahren möchte. Hierzu gehören alle Emotionen, alle Möglichkeiten und die Wahlfreiheit, die dir immer wieder begegnen wird. Auch die Ungewissheit ist ein Teil deiner Lebendigkeit. Wenn du diese Lebendigkeit beschneidest, weil du deinem eigenen Herzen nicht genügend Raum einräumst, dann wirst du weiterhin existieren, aber wirklich zu leben, ist ein gewaltiger Unterschied. Du glaubst, dass du Sicherheit brauchst. Ich sage dir: Sicherheit gibt es nicht. Wenn das dein Wunsch ist, wird er nie erfüllt werden und du wirst den daraus resultierenden Mangel fühlen. Gib den Wunsch nach Sicherheit auf. Er ist nicht erfüllbar. Das einzige, was sicher ist, ist der Tod. Das mag sich

erstmal hart anhören, aber man kann damit arbeiten. Der Tod ist ein hervorragender Lehrmeister."

Sie rollte mit den Augen, so wie sie es immer tat, wenn sie spürte, dass eine Aussage zwar zutreffend sein mag, ihr aber dennoch nicht gefiel.

Der alte Mann lachte und fuhr fort: „Viele Menschen versuchen sich an vermeintlichen Sicherheiten festzuhalten; an Gegenständen, ihrem Haus, ihrem Beruf. Das alles wird vergehen. Du kannst dein Vermögen verlieren und deine Haut wird schrumpelig werden. Du kannst deine Arbeit verlieren, deine Gesundheit, Menschen, die du liebst. Es gibt keine Sicherheit im Außen. Aber es gibt Menschen, die diese Sicherheit im Inneren gefunden haben."

Das junge Mädchen erinnerte sich an Berichte von meditierenden Mönchen. „Soll ich jetzt erstmal zehn Jahre meditieren, bis ich finde, was ich suche?" Und ihre Stimme klang dabei trotziger als beabsichtigt.

„Nun, wahrscheinlich wären es eher zwanzig Jahre", schmunzelte der alte Mann und seine Augen strahlten dabei eine mitfühlende Wärme aus.

„Weißt du, die Erkenntnis, was dieses Leben wirklich ausmacht, ist so einfach, dass wir Menschen sie nicht verstehen können. Nicht weil die Antwort zu schwierig, sondern weil sie zu simpel ist. So leicht, dass wir sie mit unserem ständig denkenden Verstand gar nicht erfassen können."

„Aber ...", so leicht war das Mädchen nicht zufriedenzustellen, „ist dieses Leben denn ein fortwährendes Kämpfen, Sorgen und Suchen?"

„Es ist immer das, wofür du es hältst. Wir unterschätzen uns häufig, machen äußere Einflüsse für unser Glück verantwortlich. Wir sagen: Ach, ich kann jetzt aber nur glücklich sein, wenn ich weiß, dass ich in einem Jahr noch lebe, wenn mein Chef zufrieden mit mir ist, mein Partner dieses und jenes tut und regnen darf es heute bitte auch nicht." Der alte Mann schlug, gespielt, energisch mit der Faust auf den Tisch. Das junge Mädchen fing an zu lachen.

„So sind Menschen häufig", fuhr er fort. „Sie ärgern sich selbst. Wenn sie lange an einer Kasse stehen müssen hört man sie oft sagen ,Ach, jetzt ärgere ich mich.' Wer ärgert hier also wen? Welche Macht hat eine volle

Supermarktkasse, wenn nicht ich es bin, der ihr diese einräumt? Und dann gehen die Menschen weiter und sagen ‚Hoffentlich verlässt mich mein Partner nicht.' Sie bekommen Angst. Klammern sich an ihrem Wunsch fest, stellen sich in Frage. Bin ich auch gut genug? Wird er immer bei mir bleiben? Und weil ihre Gedanken so häufig in der Vergangenheit oder Zukunft verweilen, verpassen sie das Leben, was immer, wirklich immer, nur im gegenwärtigen Moment stattfindet. Versuch mal diese Perspektive: Dein Partner kann dich verlassen. Morgen schon oder in fünf Jahren. Er kann seine Sachen packen und gehen und das kann er tun, weil er einen freien Willen hat. Ist das nicht wunderbar? Und wenn er bei dir bleibt, tut er es ebenfalls aus freien Stücken. Auch du hast diese Möglichkeit und jeder andere Mensch. ‚Ach, ich kann aber nicht, weil das Haus, der Job, die Hypothek, ...', und ja, das sind Argumente und es steht jedem zu, sich die Grenzen so eng zu setzen, wie man möchte. Die Wahrheit ist nämlich so erschütternd wie wundervoll: Du kannst dich an jedem Tag entscheiden, wie du leben möchtest. Du musst nicht

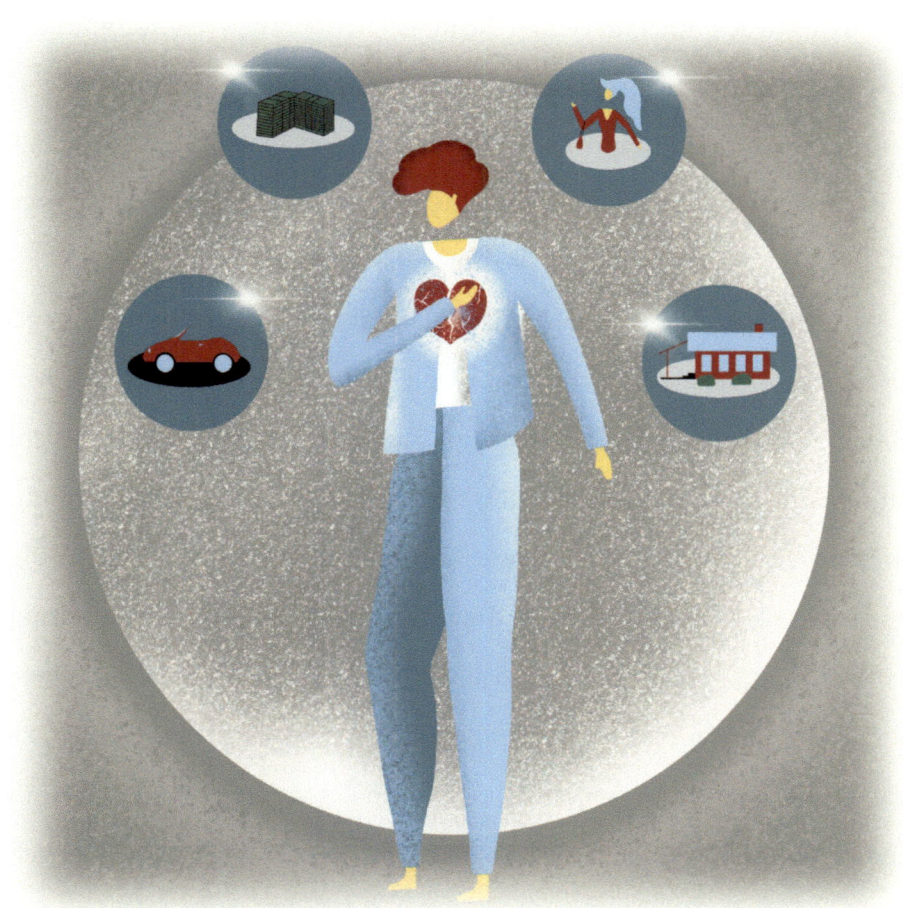

so leben wie gestern, auch wenn die meisten Menschen das automatisch tun. Wenn jemand sagt ‚das kann man aber nicht machen‘, dann ist das seine Grenze; nicht deine. Du kannst dich jeden Tag neu entscheiden."

Aber was ist das mehr, als einfaches Dahingerede, dachte das junge Mädchen und der Mann schien ihre Gedanken zu lesen.

„Oh, es ist nicht einfach. Es ist furchtbar schwer, sich von dem zu lösen, was man glaubte zu sein. Wer warst du, bevor man dir einen Namen gab und dir sagte, wer du zu sein hast? ‚Dies macht man nicht und das muss man aber unbedingt machen. Streng dich an, damit du später Erfolg hast.‘ Solche Worte hören viele schon früh und Erfolg wird oft mit gesellschaftlichem Status, Beruf und Geld in Verbindung gebracht. Nur wenig will ich dir als in den Stein gemeißelt mitgeben, aber merke dir bitte das: Ein einfaches Leben ist kein Versagen! Viele Menschen arbeiten in einem Job, der ihnen keinen Spaß macht, um mit dem verdienten Geld Sachen zu kaufen, mit denen sie ihre unglücklich machende Arbeit kompensieren können. Erkennst du den Irrtum? Die

Leute arbeiten sich halb tot, schleppen sich krank zur Arbeit und auf ihrem Grabstein steht dann ‚Sie waren immer sehr fleißig.‘ Oft wird Wert über gesellschaftlichen Status definiert und es ist wirklich wichtig, dies zu hinterfragen."

Das machte schon Sinn, dachte das Mädchen. Sie war recht schweigsam geworden, denn wer könnte solchen Worten schon etwas entgegenzusetzen zu haben? Schließlich überwand sie sich doch und räusperte sich. „Und was soll ich tun? Ich habe das Gefühl, du sprichst von Zauberkräften. Kann ich mich wirklich jeden Tag neu entscheiden? Das mag in der Theorie funktionieren, aber die Realität sieht doch anders aus. Ich strampele mich ab im Alltag und habe wirklich nicht noch die Kraft für weitere Kämpfe."

Der alte, und ach, nennen wir ihn ruhig auch weise, Mann nickte. „Ich verstehe dich. Wie könnte ich nicht? Aber lass mich weiter ausführen: Du hast keine Kraft ein Leben zu führen, das nicht mit deinen wahren Werten übereinstimmt. Du wirst aber immer die Kraft haben, der Stimme deines Herzens zu folgen. Deine Energie mag nicht reichen, um ein halbherziges Leben zu führen, in denen du Aufmerksamkeit, Liebe und Anerkennung im Äußeren oder in den für dich nicht passenden Umständen suchst. Du wirst aber immer genug Energie haben, um das Leben zu führen, was wirklich aus dir herausströmt. Es ist ein Irrtum, dass wir auf diese Welt kamen, um zu kämpfen. Leute sagen, das Leben ist zu ernst, als dass es ein Spiel sein könnte. Ich sage: Das Leben darf ein Spiel sein. Wir sind hier, um uns zu entfalten, um all das zu leben, was sich erfahren lässt. Wir unterteilen das Leben in gute und schlechte Erfahrungen. Ich denke hingegen, es braucht Licht, um Schatten zu sehen und ohne den Schatten könnten wir das Leuchtende nicht erkennen. Wir leben in einer einzigartigen Wirklichkeit, die es uns ermöglicht, all diese Erfahrungen machen zu dürfen."

„Aber das Leben erscheint mir so... traurig. Ist es nicht entsetzlich, dass es so viel Unglück auf dieser Welt gibt?"

Auf diese Frage wird er mir keine Antwort geben können, dachte das junge Mädchen betrübt. Und doch setze der alte, weise Mann an: „Du suchst Sinn in starren Mustern. Wir halten den Tod für etwas Schlimmes. Das ist absolut nachvollziehbar, aber ist es die einzige Sichtweise, die möglich ist? Wir werden geboren und wir sterben. Es ist natürlich. Es gibt Religionen, die feiern den Tod, weil sie davon ausgehen, dass ihre Liebsten nach dem Tod ins Paradies kommen."

Das junge Mädchen lachte verächtlich. „Religionen sind dogmatischer Mist."

Der alte Mann stopfte seine Holzpfeife, nahm einen Zug und blies den Rauch aus. „Ich verstehe deinen Gedankengang", sagte er und nickte zugleich. „Aber du brauchst Gott nicht in diesen festgeschriebenen Bildern suchen. Er wartet nicht in Kirchen auf dich, so muss das nicht sein. Du kannst ihn überall dort finden, wo du ihn sehen willst und die meisten Menschen finden ihn da, wo sie zuallerletzt suchen: in sich selbst. Du musst nicht erst den allerhöchsten Berg besteigen, um dort

Ausschau nach Gott halten zu können. Es gibt eine Geschichte in der erzählt wird, dass Gott einst in tausend Einzelteile zersprang und er in jedem Atom dieses Universums zu finden ist. Auch in dir. Wer sagt, dass dies falsch ist? Woher kommt das Universum und warum entstand es? Da war also dieser Urknall, ja? Und warum war der da? Was soll das alles und wo ist der Sinn des Lebens? Und ob du es glaubst oder nicht, viele Menschen suchen gar nicht nach einer Antwort. Sie stehen auf, rackern sich ab, verstricken sich in ihren Gedanken und haben dabei keine Zeit, sich mit wesentlichen Fragen auseinanderzusetzen."

„...für die es ja eh keine Antwort gibt", warf das junge Mädchen ein. „Was sind denn das mehr als Spekulationen? Was soll dieses Gerede von einem Gott? Wenn es ihn geben sollte, warum tut er nichts gegen all das Böse auf der Welt?"

„Ich kenne die Antwort nicht, mein Mädchen. Vielleicht liebt Gott die Menschen so sehr, dass er es ihnen sogar erlaubt, Böses zu tun. Wie fühlt sich diese Möglichkeit an? Vielleicht fühlt Gott jedes Mal mit, wenn Leid geschieht. Vielleicht weint er mit uns. Vielleicht greift er aus Gründen nicht ein, die wir nicht verstehen. Wir müssen zugeben, dass unsere Perspektive auf das große Ganze recht beschränkt sein könnte."

Das Mädchen und der weise Mann saßen im Nebel des Pfeifenrauchs und blickten gemeinsam aus dem Fenster. Ein Eichhörnchen sprang von einem Ast zum nächsten.

„Tiere", nahm der alte Mann das Thema auf, „leben ihre Natur. Sie fragen sich nicht: Darf ich das? Ist das moralisch genug? Ist das falsch oder richtig? Mag mich jemand? Mag ich mich überhaupt? Sie leben einfach, spüren sich und existieren. Meinst du, dieses Eichhörnchen ist glücklich?"

Das Mädchen überlegte. „Ja, es macht zumindest den Anschein."

„Von Tieren können wir eine Menge lernen. Von Pflanzen ebenso. Ein Baum wächst einfach. Es ist ihm egal, ob es regnet oder die Sonne scheint. Er nimmt das Leben so, wie es eben ist. Es würde auch den Menschen guttun, nicht immer gegen das, was ist, zu kämpfen."

„Aber muss Kampf nicht sein? Gegen das Ungerechte? Die Umwelt-verschmutzung? Die Massentierhaltung?", das Mädchen sprach weiter und wurde vor Aufregung und Empörung immer röter im Gesicht.

„Sieh dich an", unterbrach sie der alte Mann. „Du zählst all das auf, was du nicht willst. Da ist viel Wut in dir. Und du meinst, ohne diese Wut geht es nicht. Ich bin mir da nicht sicher und damit meine ich nicht, dass wir alles so hinnehmen sollen, wie es ist. Du bist also gegen Umweltverschmutzung und schimpfst auf die bösen Unternehmen und die unachtsamen Menschen. Natürlich fühlt sich das wie Kampf an. Vielleicht kann man mit Wut auch tatsächlich etwas ändern. Vielmehr kannst du allerdings mit Liebe ändern. Es macht einen Unterschied, ob du sagst: ‚Ich kämpfe gegen die Umweltverschmutzung' oder ‚Ich möchte etwas für die Umwelt tun.' Das kannst du immer. Du kannst Müll aufsammeln, weg-werfen und dich freuen, etwas Gutes getan zu haben. Du kannst aber auch Müll aufsammeln, wegwerfen und dich über alle die ärgern, die nicht dasselbe tun. Mit dieser Variante wirst du dich wahrscheinlich

aber schlechter fühlen. Ich glaube, Liebe kann ein mächtigerer Antrieb sein, diese Welt zu ändern, als Wut."

Sie saßen noch eine Weile da.

„Es mag dir vieles von dem, was ich sage, ungewohnt erscheinen", meinte der Mann schließlich. „Nicht, weil meine Ideen oder Worte neu sind. Du trägst die Antworten auf alle Fragen bereits seit Beginn an in dir. Du hast sie nur vergessen. Und vielleicht wird es dir nun leichter gelingen, dich zu erinnern."

Das Mädchen schaute gedankenverloren aus dem Fenster .

„Darf ich dich wieder besuchen kommen?", fragte sie nach einer kurzen Weile.

„Du darfst. Aber mach dich nicht abhängig von meinen Antworten. Sie müssen nicht die deinen sein. Du trägst die Antwort auf alle Fragen bereits in dir. Es ist nur meist zu laut um uns herum, um sie hören zu können."

Ob er wohl zuhause war? Seine Wohnräume, soweit vom Fenster erkennbar, sahen unbeleuchtet aus. Trotzdem klopfte sie und es klang energischer, als sie es beabsichtigt hatte.

„Oh, du bist wieder da." Der alte Mann öffnete die Tür und bat das junge Mädchen herein.

Auf einem alten, knarzigen Holztisch stand eine Porzellankanne, aus der Dampf heraustrat. „Möchtest du auch Tee?"

Das Mädchen nickte mit Blick auf die beiden blumenverzierten, henkellosen Teebecher. Es schien fast so, als hätte er sie erwartet. Sie sprachen eine Weile über das Wetter und über die verschiedenen Kräuter, die ihren Weg in die Teedosen des alten Mannes gefunden hatten. Eine Weile blickten sie sich ohne Worte an und es war kein unangenehmes Schweigen.

„Ich würde gerne wissen", das junge Mädchen stockte, „nun, warum sind wir eigentlich auf dieser Welt? Du glaubst an all das Mystische, Magische, an Gott, an unbegrenzte Möglichkeiten. Ich werde da fast neidisch, denn ich bin mir nicht sicher, ob ich an überhaupt eines davon glauben kann. Was ist denn, wenn wir einfach nur stumpfe Biologie sind? Unser Körper und Geist gehören untrennbar zusammen, leben zusammen und werden zusammen sterben. Und all der Glaube, den du so kultivierst, wäre nichts als ein schöner Schein gewesen."

Während sie sprach, hörte der alte Mann ihr zu, hörte ihr wirklich zu. Nicht so wie Leute, die zuhören und währenddessen schon eine Antwort formulieren oder das Gesagte innerlich bewerten. Als sie geendet hatte, setzte der alte Mann an: „Nun, spielen wir es mal durch. Ich verstehe dich so, dass du Angst hast, der Tod könnte wirklich das Ende sein. Ich sage dir, dass er das nicht ist. Nein, ich verspreche es dir sogar. Aber mal angenommen, er wäre es. Nun, wenn du stirbst und der Tod wirklich das Ende wäre, dann würdest du darüber nicht traurig sein können. Du würdest nicht denken

‚Ach Manno, da habe ich mein ganzes Leben lang geglaubt, dass nach dem Tod noch was kommt und jetzt war das falsch.' Du wärst nicht enttäuscht, nicht traurig. Sondern einfach nicht mehr da. Es wäre für dich nicht schmerzhaft."

Er zuckte mit den Schultern; nur kurz und fuhr dann fort: „Ok, nehmen wir an, es wäre wirklich so. Der Tod wäre das ultimative Ende. Was für Auswirkungen hätte das denn auf dein Leben jetzt?"

Das Mädchen atmete tief ein. „Wenn ich wüsste, dass der Tod nicht das Ende wäre, dann... hätte ich Hoffnung. Wenn ich aber daran glaube, dass nach dem Tod alles vorbei ist, dann habe ich Angst."

„Alles auf dieser Welt ist, wie es eben ist. Ob du nun zustimmst oder nicht. Du kannst dich gegen die Wirklichkeit auflehnen, sagen: ‚Nein, ich will das aber anders!', dann aber leidest du. Das ist das eine. Mach Frieden mit der Wirklichkeit. Das klingt erstmal schwer. Versuche es so: überprüfe deine Gedanken. Diesem fatalen Irrtum unterliegen Menschen häufig: Sie glauben ihren Gedanken. Ich hingegen sage dir, dass deine

Gedanken ein Konstrukt sind aus all dem, was die Umgebung dir beigebracht und dich gelehrt hat und Schlüsse, die du daraus gezogen hast. Konditionierungen quasi. Wenn du zum Beispiel glaubst, dass alle anderen Menschen mehr wert wären als du. Wäre es deswegen wahr, bloß weil du es glaubst? Oder könnte es auch so sein, dass jeder Mensch als göttliche Schöpfung mit dem gleichen Wert zur Welt kam? Der Mensch hat ein nur 1,3 Kilogramm großes Gehirn. Hältst du es für möglich, dass er damit Begrenzungen unterworfen ist und unter Umständen gar nicht imstande ist, das komplette Universum zu begreifen? Du willst das ganze Universum verstehen? Ich sage dir: Das musst du nicht und es wäre dir auch gar nicht möglich."

Kurz hielt der alte Mann inne, als schien er zu überlegen und sagte schließlich: „Was den Menschen stört, ist kein gebrochenes Bein oder so. Ein Bein, was gebrochen ist, ist einfach nur ein Bein, was gebrochen ist. Der Rest ist, was wir daraus machen. ‚Oh, das Bein sollte nicht gebrochen sein. Das ist ungerecht.' Und deswegen leiden wir. Wir leiden

wegen uns. Nicht wegen einem gebrochenen Bein, dem Wetter oder der unfreundlichen Nachbarin. Und wenn du die Gefühle des Leides einfach abziehen würdest, wäre da kein Leid mehr. Dann wären die Dinge nur so, wie sie eben sind. Nicht gut, nicht schlecht, böse oder unfair, sondern frei von Bewertung und einfach so, wie sie nun einmal sind. Das hört sich erst einmal beängstigend an, aber dort verbirgt sich Freiheit. Und wenn du meinst, dich selbst erst suchen zu müssen, stell dir doch mal vor: Es ist, als würdest du von innen gegen eine Tür klopfen. Denn du befindest dich bereits in dem Haus. Du bist schon dort. Und wenn du das erkennst, kannst du aufhören zu suchen. Weil nichts, was bereits da ist, erst von dir gefunden werden muss. Die Leute meinen oft, wenn sie unzufrieden sind, dass sie ihr ganzes äußeres Leben umkrempeln müssten. Meine Wahrheit ist, dass die wirkliche Veränderung aus uns selbst heraus beginnt. Die Leute verlassen oft ihre Partner, Wohnorte oder Berufe, weil sie auf der Suche nach sich selbst bereit sind, überall nachzuschauen. Sie würden auf der ganzen

Welt suchen, aber wagen nicht, in den eigenen Spiegel zu blicken. Und was den Sinn des Lebens angeht, hach, es erscheint mir manchmal die Leute würden da irgendwas furchtbar Kompliziertes erwarten. Ich sage häufig einfach: Leb des Lebens wegen. Du hast deine Wahrheit noch nicht gefunden. Und das ist okay. Du bist dir unsicher, ob dieser Körper und diese Seele untrennbar miteinander verbunden sind. Gut. Dann lebe diese Unsicherheit. Die Antworten werden folgen, wenn du deine Fragen mit Leben und Emotionen füllst. Was nützt es dir für den heutigen Tag, wenn du die Gewissheit hättest, der Tod wäre nicht das Ende? Dein Glück hängt auch nicht von der Beantwortung dieser Frage ab und das weißt du insgeheim. Viele Menschen fürchten den Tod, weil sie das Leben fürchten. Sie denken: ‚Oh weh, hoffentlich passiert meinen Liebsten oder mir nichts.' Und diese Vorstellung, dass dies doch so sein könnte, geht dann häufig mit Gedanken einher wie: ‚Ach hätte ich mal die Zeit besser genutzt, wäre mehr im Moment gewesen, wäre achtsamer gewesen', und so weiter."

„Dieses Wort, welches du so häufig verwendest - Gott - ich kann mich damit nicht anfreunden", brachte das junge Mädchen zögernd hervor.

Der alte Mann griff ihre Frage auf und stellte seine Teetasse zur Seite: „Du meinst, ich rede von einem alten, weisen Mann, zu dem man sonntags in der Kirche beten kann und der schlussendlich unsere guten Taten belohnen und uns für unsere schlechten bestrafen wird? Ja, mit einem solchen Gott könnte ich mich auch nicht anfreunden. Es gibt gute Synonyme, die man ebenso verwenden kann: das Universum oder ‚Es' zum Beispiel. Gemeint ist ein dem Universum innewohnendes, zeitloses, erschaffendes und liebendes Bewusstsein. So verstehe ich Gott. Ich schere mich nicht um Dogmen und glaube an keinen Gott, der die Menschen verurteilt oder gar bestraft. Du kamst auf diese Welt als ein Teil von Gott selbst. Und jeder vermeintliche Fehler, den du in deinem Leben je machst, kann gar nicht anders, als ein Ausdruck Gottes persönlich zu sein. Damit meine ich nicht, dass du aufhören sollst, deine Taten zu hinterfragen oder dass es egal ist, was du im Leben tust. Aber Gott, so wie ich ihn sehe, wertet nicht und beurteilt nicht, ob etwas „böse" oder „gut" ist. Das tun nur wir Menschen. Noch nicht mal die Tiere machen es so. Gott hingegen betrachtet alles als einen Ausdruck von Leben, fernab der Bewertungen, mit denen wir alles versehen. Schau doch: Es gibt Menschen, die sich für Gott geißeln, sich in irgendwelche Gebote quetschen nur um seinem vermeintlichen Willen zu entsprechen. Möchtest du an einen so engstirnigen Gott glauben, der dir vorschreibt, wen du zu lieben und zu ehren hast und wen nicht? Ich fände es anmaßend, Gott auf solche Dogmen festzunageln. Meine Vorstellung von ihm ist sehr viel freier und liebevoller."

So betrachtet, dachte das junge Mädchen, wäre es wohl schön, wenn man an einen Gott glauben könnte. „Aber wie soll ich das anstellen? Ich glaube halt nicht an Gott und ich kann mir ja nicht vorschreiben, dass ich es ab heute tun möchte?"

Der alte Mann lachte. Das tat er oft und herzlich. „Fang an, mit Menschen zu reden. Höre ihnen zu. Höre dir zu. Lies Bücher. Nicht mit dem Ziel, Gott zu finden, sondern mit offenem Herzen. Betrachte die Natur. Betrachte sie wirklich. Nimm dir täglich fünf Minuten, setz dich draußen hin und beobachte einfach einen Marienkäfer oder die Blätter im Wind. Es wird dir schwerfallen. Du wirst dasitzen und es wird dir vorkommen, als ob du wahnsinnig wirst oder deine Zeit verschwendest. Oder beides. Die Gesellschaft hat sich dahin entwickelt, dass es den Menschen vorkommt, als würden sie sich in permanenter Zeitknappheit befinden. Und so laufen sie immer schneller und schneller, hetzen sich ab und jedes Innehalten bringt dann die ganze Unruhe hervor, die sie ansonsten durch Tätigkeitstaumel verdeckt halten. Du kannst auch anfangen zu beten. Es gibt Studien - und dass sage ich nicht nur als diese fiktive Figur in dieser Geschichte, sondern die gibt es wirklich -, die belegen, dass Gebete eine Wirkung über den Placeboeffekt hinaus haben könnten."

Jetzt war es das Mädchen, das kichern musste. „Du, wir sitzen hier und reden und reden. Aber wenn ich wieder nach draußen gehe, wartet der Stau auf der Straße auf mich, der mies gelaunte Chef und meine Nachbarin, die mich ständig anmeckert. Wie soll alles was du sagst, denn mehr als bloße Theorie sein, wenn es sich im Alltag nicht anwenden und integrieren lässt?"

Ihre Finger umfassten den Becher mit der mittlerweile abgekühlten Flüssigkeit. Der alte Mann sah ihr in die Augen und antwortete nach einigen ruhigen Atemzügen: „Meine Mutter sagte damals zu mir: Im Leben wird dir nichts geschenkt. Sie wusste es nicht besser, denn tatsächlich ist das Leben selbst schon ein Geschenk, dein Körper, deine Sinne, die Natur. Du musst weder darum kämpfen, ein besserer Mensch zu werden noch darum, Gott zu finden. Es muss nur deine Bereitschaft da sein. Ebenso wie im Umgang mit anderen Menschen. Deine Nachbarin schimpft also auf dich. Was sagt das über dich aus? Was über sie? Meinen Kindern sagte ich damals, wenn wir auf Menschen trafen, die ihre eigene Wut auf ihre Umgebung projizierten, dass diese vermutlich sehr traurig sind. Ich betrachte Wut häufig als Sekundäremotion von Traurigkeit.

Lass deine Emotionen bei dir. Und lass die Emotionen deiner Nachbarin bei ihr. Das klappt nicht? Dann schau dich an, nicht deine Nachbarin. Diese ist einfach so, wie sie ist. Auf dich selbst, deinen Einstellungen und Gedanken über diese Welt, hast du so viel mehr Einfluss."

Der alte Mann trank den letzten Schluck aus dem Becher. Einige herunterfallende Tropfen begannen in die Platte des alten Holztisches einzuziehen. „Es gibt keinen Grund mehr, Angst zu haben", sagte er nach einer Weile zu dem Mädchen. Er äußerte dies in einer bestimmten Stimmlage. Mit einer wahrhaftigen Ruhe, als würde er damit eine Botschaft aussprechen, die gar nicht falsch sein könnte und die zugleich alles mit umfassen würde. Und als das Mädchen an diesem Abend nach Hause ging, waren es genau diese Worte, die ihr im Kopf und Herz hängenblieben: Es gibt keinen Grund mehr, Angst zu haben.